월트 디즈니의
꿈과 성공의 메시지 100

Walt Disney's 100 phrases to make your dreams come ture

월트 디즈니의
꿈과 성공의 메시지 100

월트 디즈니 지음

| 시작하며 |

애니메이션의 새 장을 연 월트 디즈니

Prologue

세계 최초로 유성, 컬러, 극장용 장편 애니메이션을 제작해 애니메이션계의 신화적 존재로 자리매김한 월트 디즈니는, 생을 마감하는 순간까지 쉬지 않고 새로운 아이디어를 찾아 기필코 실현시키는 희망의 대명사와도 같은 존재다.

성공신화의 주인공들이 대부분 그러하듯 월트 역시 수많은 실패와 고통을 겪으면서도 끝까지 자신의 꿈과 이상을 포기하지 않았다.

1901년 미국 시카고에서 가난한 목수의 넷째 아들로 태어난 월트는 사업 초반기에 어렵게 성공시킨 작품을 배급사에 어이없이 강탈당한 뒤, 극도의 좌절감과 가난 속에서 고통스럽게 지내던 중에 불후의 캐릭터 미키 마우스를 탄생시켰다. 기발한 아이디어는 결코 우연히 얻어지지 않는다. 그것은 절대적 고통과 좌절 속에서도 희망의 끈을 놓지 않는 사람에게만 문득 섬광처럼 비추는 빛줄기 같은 것이 아닐까.

디즈니사(社)를 운영하는 월트의 경영철학은 돈 벌기에 있지 않았다. 머릿속에서 유영하는 아이디어를 새로운 무엇인가로 꾸준히 만들어 내는 창조와 도전이 운영의 근간이었다.

지금은 세계적인 유원지가 된 디즈니랜드의 설립 당시에도 심한 반대와 압력에 부딪쳐 큰 어려움을 겪었지만, 끝끝내 뜻을 꺾지 않고 실천하여 마침내 최초의 테마파크를 개장하게 된 것이다.

벽에 부딪칠 때마다 꿈과 도전정신을 재정비하여 더 높은 비상을 시도했던 월트 디즈니의 생생한 메시지가 나태한 우리의 일상에 청량제가 되길 기대해 본다.

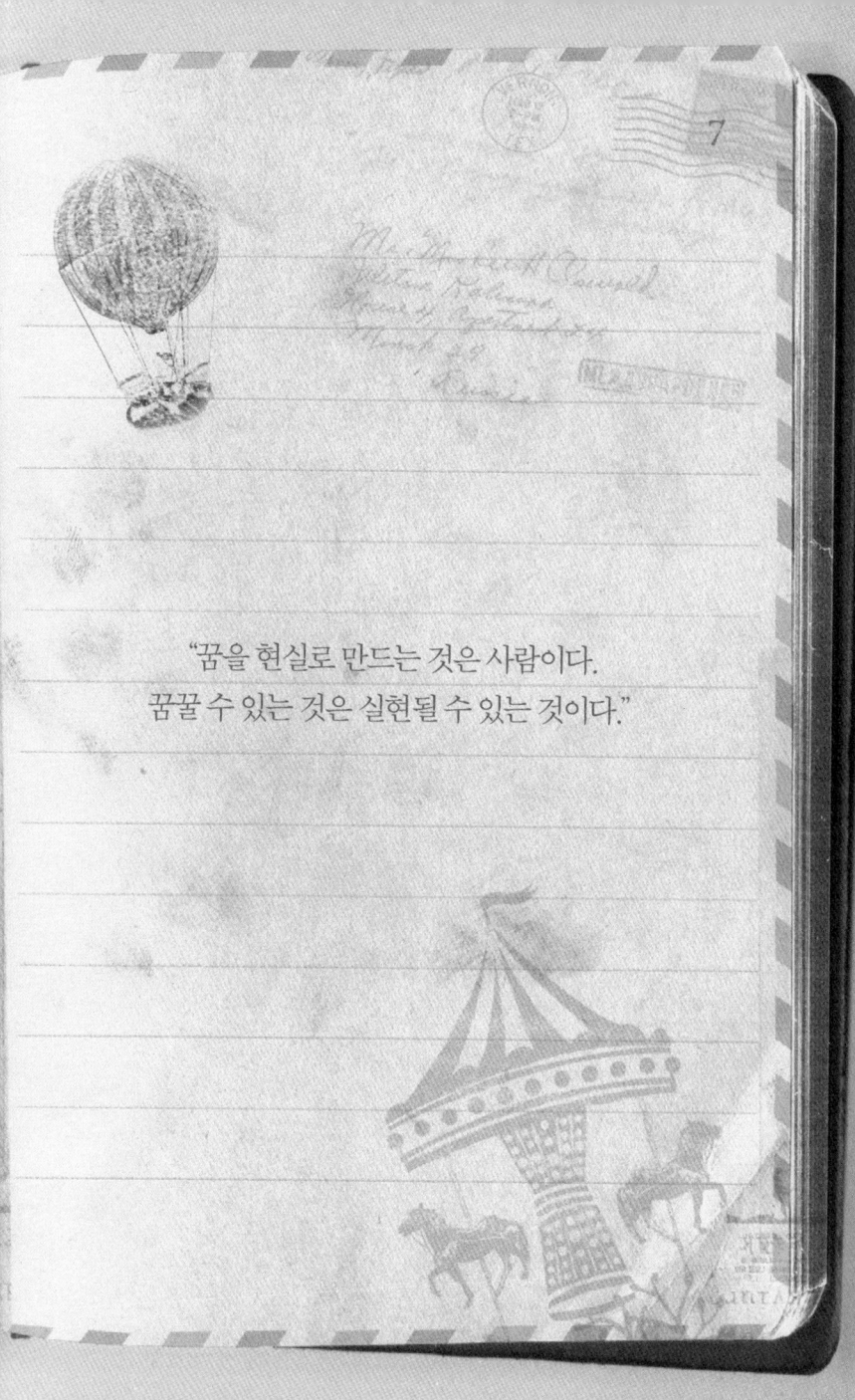

"꿈을 현실로 만드는 것은 사람이다.
꿈꿀 수 있는 것은 실현될 수 있는 것이다."

차 례
Contents

시작하며 ···4

꿈(DREAM) ···11
도전(CHALLENGE) ···27
독창성(ORIGINALITY) ···41
일(WORK) ···59
실패(FAILURE) ···89
돈(MONEY) ···99
인생(LIFE) ···109

월트 디즈니 연표 ···131
참고문헌 ···139

Walt Disney's 100 phrases
to make your dreams
come true

001

꿈을 현실로 만드는 것은 사람이다.

꿈(DREAM)

꿈을 이루어 주는 월트 디즈니 메시지

002

꿈꿀 수 있는 것은 실현될 수 있는 것이다.

003

나는 꿈을 꾸고,
꿈을 신념으로 삼아 위험과 고통을 감내하며
꿈을 이룰 수 있다는 비전을 실행에 옮겨 왔다.

꿈(DREAM)

꿈을 이루어 주는 월트 디즈니 메시지

004

꿈을 실현시키는 비결을 알고 있는 사람에게
넘을 수 없는 장벽이 있다고는 결코 생각하지 않는다.
그 비밀은 'C'로 시작하는 네 단어로 요약된다.
호기심(Curiosity), 자신감(Confidence), 용기(Courage),
불변성(Constancy)이다.
그중에서도 가장 중요한 것은 자신감(Confidence),
즉 자기 자신을 믿는 것이다.
일단 '이거다'라고 생각되면
추호도 의심하지 말고
무조건 그것에 빠져들어야 한다.

005

사람들은 이따금씩 내게 성공 비결이나
꿈을 실현시킬 수 있는 방법을 물어오곤 한다.
대답은 아주 간단하다.
'스스로 해 보라'

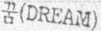
꿈(DREAM)

꿈을 이루어 주는 월트 디즈니 메시지

006

내 딸들이 어렸을 때,
일요일이면 종종 유원지에 데려가곤 했다.
아이들이 노는 동안,
벤치에서 무료하게 땅콩을 까먹으며 생각했다.
'어른들도 함께 즐길 수 있을 만한 장소는 없을까?'
그 생각을 실현시키는 데 약 15년 정도가 소요됐다.

*1955년, 그 생각의 결과로 디즈니랜드가 문을 열었다.

007

디즈니랜드는 아이들만을 위해 짓지 않았다.
사람들은 언제부터 아이가 아닌 것일까?
어른이 되면 동심이 완전히 사라져 버린다고
단정할 수 있을까?
좋은 오락거리라면 아이와 어른,
그 누구라도 즐거움을 느낄 수 있다고 믿는다.
부모와 아이들이 함께 즐길 수 있는 곳,
어른들끼리만 와도 신나게 지낼 수 있는 곳.
나는 디즈니랜드를 그런 장소로 만들고 싶다.

꿈(DREAM)

꿈을 이루어 주는 월트 디즈니 메시지

008

디즈니랜드의 성공 가능성을
은행 대출 담당자에게 납득시키는 것은 불가능했다.
왜냐하면 꿈의 담보 가치는 거의 제로니까.

*디즈니랜드 구상에 처음에는 누구나 반대했다.
 하지만 자신의 꿈을 믿은 월트는
 자신의 생명보험까지 담보로 해서 자금을 조달하려고 애썼다.

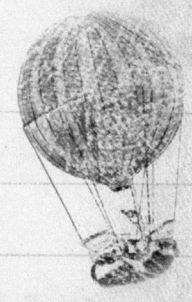

009

우리는 부모와 아이들이 함께 즐길 수 있는
'가족 공원'이라는 애초의 구상을 믿었다.

꿈(DREAM)

꿈을 이루어 주는 월트 디즈니 메시지

010

잊지 맙시다.
최대의 놀이기구는 아직 오지 않았다는 것을.
그것은 바로 사람입니다.
이곳을 사람으로 가득 차게 합시다.
그것이 진정한 쇼의 시작입니다.

*건설 중인 각 놀이기구를 설명한 뒤

011

바로 저기 있다.
행복으로 가슴이 두근거리는 느낌과
내가 어릴 때부터 간직해 온 모든 상상력이.

* 디즈니랜드를 가리키며

꿈(DREAM)

꿈을 이루어 주는 월트 디즈니 메시지

012

보라!
지금까지 이렇게 많은 사람들이
즐거운 얼굴을 하고 있는 곳을 본 적이 있는가?
사람들이 마음으로부터 즐기고 있는 곳을.

*월트는 관람객들의 반응 살피기를 굉장히 즐겼다.
 자신의 꿈이 실현된 장소에서
 웃는 얼굴을 많이 볼 수 있다는 것에 큰 기쁨을 느낀 것이다.

013

우리는 결코 잊으면 안 된다.
모든 시작이 그저 생쥐 한 마리에 불과했다는 것을.

* 미키 마우스의 탄생은
  기적과도 같은 폭발적인 성공으로 이어졌고
  위기에 처한 디즈니사를 구해냈다.
  미키의 모험심과 정의감은 바로 월트 디즈니, 그 자체였다.

꿈(DREAM)

Walt Disney's 100 phrases
to make your dreams
come true

014

불가능하다고 믿었던 일을 성취해 내는 것은
일종의 쾌감이다.

도전(CHALLENGE)

꿈을 이루어 주는 월트 디즈니 메시지

015

한 번만 더 배에 타 보시오.
아니, 해결될 때까지 계속 타 보시오.

*디즈니랜드 개장 전,
  놀이기구 '카리브의 해적'을 시승한 건설 작업원이
  "뭔가 부족한데 그게 뭔지 알 수 없습니다"라고 말했을 때

016

해 보기도 전에 포기하겠다고?
우리는 큰 목표를 가지고 있으니까
아무리 많은 일이라도 끝까지 해낼 수 있다네.
자, 돌아가서 한 번 더 해 봅시다.

*디즈니랜드 건설 중,
 월트의 제안이 현실적이지 않다고 하는 엔지니어에게

도전(CHALLENGE)

꿈을 이루어 주는 월트 디즈니 메시지

017

리더에게 가장 필요한 자질은 용기라고 생각한다.
용기에는 여러 종류의 위험부담이 따른다.
특히 새로운 사업을 시작할 때는
일단 출발했으면
그것을 계속 추진하는 용기가 필요하다.
개척정신과 모험심은
기회로 가득 찬 아메리카 대륙에서
새로운 길로 이끌어 주는 선도자 역할을 한다.

018

우리는 계속 전진한다.
전진이란
단지 앞으로 나아가는 것뿐만 아니라
꿈꾸고 일하며
보다 나은 삶의 요령을 축적하는 일이다.

도전(CHALLENGE)

꿈을 이루어 주는 월트 디즈니 메시지

019

소송을 걸고 싶다면 그렇게 하십시오.
우리는 지금 반드시 할 필요가 있다고 판단되는 일을
하고 있습니다.
그것은 주주 개개인을 위한 것이 아니라
회사 전체의 이익을 먼저 생각하는 중요한 일입니다.

*디즈니사의 주식이 좋지 않은 상황에 놓이자,
　유력한 주주들이 주가를 올리기 위한 대대적인 확대 계획을
　발표하지 않으면 소송을 걸겠다며 협박했을 때

020

전혀 예측이 불가능한 영화 시장에서
40년 이상 실패와 성공을 맛본 사람에게는
'다음 작품이 내 생애 최고의 영화'라고
항상 새로운 결의를 다지는 마음가짐이 중요하다.

*월트는 스태프들과 함께 일생에 걸쳐
 48개의 아카데미상과 7개의 에미상을 수상했다.

도전(CHALLENGE)

꿈을 이루어 주는 월트 디즈니 메시지

021

아이들을 위해서
혹은 비평가를 위해 만들어진 작품은
성공하지 못한다.
나는 아이들만을 위한
또는 비평가만을 위한 영화는
만들지 않는다.
디즈니랜드는 아이들만의 것이 아니다.
나는 상대방에게 맞추기 위해
일부러 수준을 낮추지는 않는다.

022

유원지야말로 오락산업의 결정체 아니겠습니까?
전 세계 어디를 찾아봐도
디즈니랜드 같은 종합 테마파크는 없습니다.
제가 세계 여러 곳을 다녀 보고
직접 확인한 사실입니다.
지금까지 없었던 신개념의 유원지는
분명 훌륭한 성공을 거둘 수 있습니다.
오락과 휴식공간에 대한
새로운 개념이 탄생하는 것입니다.
반드시 성공할 것이라고 나는 굳게 믿고 있습니다.

* 회사 이사회로부터 유원지 경영은 디즈니사의 일이
아니라는 말을 듣고, 월트는 눈물을 글썽이며 열변을 토했다.

도전(CHALLENGE)

꿈을 이루어 주는 월트 디즈니 메시지

023

우리는 계속 전진한다.
새로운 문을 열고
새로운 것을 성취해 갈 것이다.
호기심이 왕성하기 때문이다.
호기심만 있으면
언제나 새로운 길로 인도되게 마련이다.

024

디즈니랜드가 완성되는 일은 없을 것이다.
지구상에 창조력이 존재하는 한
계속 진보해 나갈 것이기 때문이다.

도전(CHALLENGE)

독창성
(ORIGINALITY)

Walt Disney's 100 phrases
to make your dreams
come true

025

항상 개혁자로 남겠다는 것을
내 삶의 신조로 삼고 있다.

독창성(ORIGINALITY)

꿈을 이루어 주는 월트 디즈니 메시지

026

이미 말한 내용을
자꾸 반복해서 말하라고 하면 싫은 것처럼,
나는 영화의 속편을 만드는 것을 좋아하지 않는다.
그보다는
새로운 발상으로 새로운 일에 착수하는 것이
훨씬 좋다.

027

나는 결코 위대한 아티스트도,
뛰어난 애니메이터도 아니다.
내 주위에는 항상 뛰어난 기술을 가진 사람들이
나를 대신해 일하고 있다.
나는 그저 새로운 일을 생각해 내는
아이디어맨일 뿐이다.

독창성(ORIGINALITY)

꿈을 이루어 주는 월트 디즈니 메시지

028

나는 아이디어를 받아들이는 데
어떤 제한도 두지 않는다.
만약 청소원이 좋은 아이디어를 가지고 있다면
주저 없이 채용한다.

029

우리는 세상 사람들에게
잡동사니를 내던져 놓고 그것을 강매하지 않는다.
우리는 품질을 유지하기 위해
꾸준히 노력할 뿐이다.

독창성(ORIGINALITY)

꿈을 이루어 주는 월트 디즈니 메시지

030

세세한 부분까지 주의하지 않는 안이한 생각과
나태한 일 처리방식은
절대 용서하지 않겠습니다.

*7분이 걸려야 할 '정글 크루즈'가
불과 4분 30초 만에 돌아온 것을 알았을 때,
월트는 현장 책임자와 함께 직접 해당 놀이기구에 올라타서
손님들이 안심하고 즐길 수 있도록
철저하게 지시를 내려 개선시켰다.

031

잘 생각해 보십시오.
당신이 설계한 이것은,
손님들이 그 안을 걸어 다니거나 탈 것입니다.
나는 모든 사람들이 웃는 얼굴로 돌아가길 바랍니다.
이 점을 꼭 기억해 두십시오.
당신에게 부탁하는 건 이것뿐입니다.

*디즈니랜드 건설 중 설계 담당자에게

독창성(ORIGINALITY)

꿈을 이루어 주는 월트 디즈니 메시지

032

디즈니랜드에 있는 동안,
손님들이 현실 세계에 있다고 생각하지 않게 되길 바란다.
완전히 다른 세계에 있다고 느끼길 바란다.

*월트는 쓸데없는 공간을 위한 지출이라는 말을 들어도,
 그것이 새로운 분위기를 연출하는 데 꼭 필요하다고 판단되면,
 투자를 아끼지 않았다.

033

나는 여섯 살 어린이든 환갑의 노인이든
모든 사람의 마음속에 간직된 '동심'을
은은하게 울리는 영화를 만든다.
아무리 나쁜 사람이라고 하더라도
순수함을 완전히 버리지는 않는다.
마음 깊은 곳에 묻어 버리고 살 수는 있다고 해도.

독창성(ORIGINALITY)

꿈을 이루어 주는 월트 디즈니 메시지

034

진짜를 모른 채 공상만으로 작품을 만들 수는 없다.

* 〈밤비〉는 디즈니 영화에 있어서 또 하나의 새로운 도전이었다.
〈밤비〉를 성공시킬 관건은 어떻게 하면 사슴의 모습과 동작을
사실처럼 생생하게 묘사할 수 있는가에 달려 있었다.
월트는 어린 사슴 두 마리의 성장 과정을 스케치하도록 시키고,
전문가에게 동물의 구조에 대한 전문적인 강의를 받는 등
다양한 방법을 동원했다.

035

미키는 '웃는다'는 목적만을 위해 탄생한
작은 인격이다.

독창성(ORIGINALITY)

꿈을 이루어 주는 월트 디즈니 메시지

036

어린이다움.
그것은 절대로 유머 감각을 잃지 않는다는 것과
동의어라고 생각한다.

037

이 영화를 1시간 10분으로 늘일 수는 없다.
너무 길다는 말을 듣는 것보다
차라리 30분 동안 집중해서 즐기길 바란다.

*배급사로부터 기록 영화 〈바다표범의 섬〉을
 30분짜리로는 팔 수 없으니
 1시간 10분으로 늘여 달라는 말을 듣고,
 월트의 고집대로 30분짜리로 제작된 이 작품은
 아카데미 단편상을 수상하며 찬을 받았다.

독창성(ORIGINALITY)

꿈을 이루어 주는 월트 디즈니 메시지

038

돼지로 돼지를 뛰어넘으려 하다니,
그건 정말 무리였다.

※ 재탕을 싫어했던 월트의 신념이 잘 표현된 말.
1933년에 발표한 〈아기돼지 삼형제〉가
기록적인 대성공을 거두자 배급사는 시리즈화를 요구했다.
월트는 처음에 거절했지만,
형인 로이의 설득으로 3편까지 제작했다.
그러나 첫 번째 작품에는 크게 미치지 못했다.

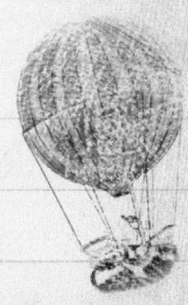

039

무엇을 하든,
가치를 부여하는 일에 더욱 신경 써야 한다.

독창성(ORIGINALITY)

Walt Disney's 100 phrases
to make your dreams
come true

040

무언가를 시작하려면,
말을 멈추고 일단 행동에 돌입해야 한다.

일(WORK)

꿈을 이루어 주는 월트 디즈니 메시지

041

창조력에는 가격표를 붙일 수 없다.

042

당신이 할 수 있는 최선을 다했다면 무슨 걱정인가.
걱정한다고 상황이 더 좋아지지는 않는다.
나도 여러 가지 일들을 걱정하지만,
'댐에서 물이 넘치지 않을까?'라는 것까지
걱정하지는 않는다.

일(WORK)

꿈을 이루어 주는 월트 디즈니 메시지

043

어린이용 프로그램이라고 해서
아이들을 내려다보는 듯한
우스꽝스러운 내용으로 만들 생각은 없다.

*1955년에 시작한 어린이용 텔레비전 프로그램
《미키 마우스 클럽》이 고품질임을 자랑하며.
이 프로는 당시 75퍼센트라는 경이적인 시청률을 기록했다.

044

새로운 프로젝트를 생각할 때는
그것에 대한 본격적인 연구를 시작한다.
외형상의 아이디어뿐만 아니라,
관련된 모든 분야를 조사한다.
그리고 일단 한다고 결정하면 철저하게 믿는다.
잘해낼 능력이 있다고 믿는 것이다.
그리고 더 이상은 할 수 없을 만큼 최고로 해내기 위해
끊임없이 노력한다.

일(WORK)

꿈을 이루어 주는 월트 디즈니 메시지

045

제조자를 위해 상품을 만들지는 않는다.
소비자가 원하는 것을 알아내
그들을 위한 상품을 만든다.

046

디즈니랜드 경비원에게는
스스로를 단순한 경비원이 아닌
손님들을 도와주는
중요한 역할이라고 여기도록 가르친다.

*월트는 고객을 환영하는 마음을
 더욱 세심하게 보여주기 위해,
 경비회사와의 계약을 해지하고
 내부 스태프로 경비 조직을 재정비했다.

꿈을 이루어 주는 월트 디즈니 메시지

047

'디즈니'라는 이름이 붙어 있는 것은
그것이 무엇이든 그 이름에 대한 책임을 느낀다.

048

켄, 나는 당신의 업무 능력을
인정하고 있습니다.
하지만 아직 신인이니
한 가지만 이해해 주기 바랍니다.
우리가 팔고 있는 것은
'월트 디즈니'라는 이름입니다.
그 점을 이해하고 기꺼이 일해 준다면,
당신은 디즈니의 스태프입니다.
만약 '켄 앤더슨'이라는 이름을 팔고 싶다면,
지금 당장 그만 두는 편이 낫겠지요.

*젊은 애니메이터에게

일(WORK)

꿈을 이루어 주는 월트 디즈니 메시지

049

크리스마스 시즌에 관람객이 많다고
만족해서는 안 됩니다.
손님들에게는 항상 조금이라도 더
부가가치를 선사해야만 하지요.
투자할 가치는 충분히 있습니다.
만약 사람들이 오지 않게 되면,
다시 찾도록 만드는 데
열 배의 비용이 들고 마니까요.

*크리스마스에 35만 달러를 들여
 특별 퍼레이드를 벌이려는 계획에 대해
 쓸데없는 돈 낭비라고 반대하는 스태프에게

050

항상 깨끗이 청소해 두면,
사람들이 더럽히지 않는다.
하지만 더러운 상태로 내버려 두면,
점점 더 더럽혀지고 만다.

*디즈니랜드 직원에게.
다른 유원지의 불결함과 질 낮은 서비스에 실망한 경험이 있는
월트는 청결을 매우 중요시했다.
땅콩은 껍질을 벗긴 것만 팔고 껌은 판매하지 않는 등
철저하게 이미지 관리에 힘썼다.

일(WORK)

꿈을 이루어 주는 월트 디즈니 메시지

051

나는 평생 동안 하고 싶은 일을 하며 살아왔다.
일이 즐거웠고,
그 즐거움을 업무 시간만으로 제한할 수 없었다.

052

나는 가만히 있지를 못한다.
언제나 탐색하고 실험하지 않으면 안 된다.
내 일에 만족한 적이 없으며,
상상력의 한계를 원망하기도 했다.

일(WORK)

꿈을 이루어 주는 월트 디즈니 메시지

053

나는 참을성 있게
다른 사람의 이야기를 들어준다.
하지만 일단 결정하면
완고하다는 말을 들을 정도로
자기 의견을 고집한다.

054

지금까지 줄곧 거친 상대와 경쟁했기 때문에,
상대가 없다면 어떻게 해야 할지 모르겠다.

일(WORK)

꿈을 이루어 주는 월트 디즈니 메시지

055

일이 생크림처럼 부드럽게 진행될 때보다
조건이 좋지 않을 때 더욱 적극적으로 대처할 수 있다.

056

나는 내가 하는 일을 예술이라고 부른 적이 없다.
내 일은 쇼 비즈니스이며 오락을 만드는 일이다.

일(WORK)

꿈을 이루어 주는 월트 디즈니 메시지

057

전위적인 것을 만들려고 해서는 안 됩니다.
상업적이어야 합니다.
대중이 좋아하는 예술,
대중이 바라는 것을 제공해야 합니다.
상업적이라고 해서 나쁠 건 아무것도 없습니다.

*프랑스 방문 중에 만화가들이 조언을 요청했을 때

058

그럴지도 모르겠다.
하지만 예를 들어 어디서나 사 먹을 수 있는
아이스크림콘을 사람들이 좋아하는 데는
커다란 이유가 있는 거란다.

*딸인 다이앤에게서
 디즈니 영화가 너무 흔하다는 말을 들었을 때.

일(WORK)

꿈을 이루어 주는 월트 디즈니 메시지

059

코미디가 재미있으려면
관객과 동감하는 접점이 필요하다.
이 점을 알고 있으면서도 종종 잊어버린다.
접점이란,
잠재의식 속에서 친숙한 것을 연상시킨다는 의미다.

*애니메이션 제작에 꼭 필요한 요소에 대해

060

한 사람이 커다란 업적을 거두기 위해서는
여러 사람의 손과 마음과 지혜가 필요하다.

일(WORK)

꿈을 이루어 주는 월트 디즈니 메시지

061

내가 하는 일 가운데 무엇보다 중요한 것은
나와 함께 일하는 사람들을 조화롭게 통합하고,
그들의 노력을 정해진 목표로 향하게 하는 것이다.

062

나는 어떤 일이 있어도
권위를 과시하려는 생각은 하지 않는다.
사람들의 의견을 소중히 여기며,
밀접하게 연결된 팀워크를 자랑으로 여기고 있다.

일(WORK)

꿈을 이루어 주는 월트 디즈니 메시지

063

좋은 작품을 만들 생각이라면
자신의 스태프를 잘 훈련시키지 않으면 안 된다.

064

저 두 사람은 언제나 잘못된 방법으로
스토리를 만들고 있지만,
그들의 실수를 통해
올바른 방법을 배울 수 있지 않은가.

*일을 못하는 두 각본가를 해고하지 않는 이유에 대해.
 월트는 직원을 거의 해고하지 않았다.

일(WORK)

꿈을 이루어 주는 월트 디즈니 메시지

065

내부의 친밀감을 높임으로써
일을 보다 잘할 수 있고
외부에까지 그 분위기가 전해진다.

* 디즈니 스튜디오에는 제작 스태프의 개인 사무실 문이
항상 열려 있고, 직원들은 서로 성이 아닌
이름을 부르는 분위기가 유지됐다.

066

누구에게나 마감이 필요하다.
마감이 없으면 마음이 해이해지고 만다.

일(WORK)

Walt Disney's 100 phrases
to make your dreams
come true

067

살아오면서 경험한 모든 역경과 고통이
나를 올곧고 강하게 만들었다.

실패(FAILURE)

꿈을 이루어 주는 월트 디즈니 메시지

068

결코 싫증을 내거나 냉소적이 되어서는 안 된다.
어제는 이미 과거가 되었으므로.

069

나는 실패했다.
하지만 실패에서 많은 것을 배웠다.
젊은 시절에 어려운 일을 겪으며
실패하는 것이 인생에서 매우 중요하다는 생각을
가지게 되었다.

* 회사가 도산하고, 판권을 약탈당하고
 다른 회사에 스태프를 빼앗기는 등,
 월트는 젊은 시절에 온갖 곤란을 당했었다.

실패(FAILURE)

070

내가 하는 일이
마치 마법 같다고 하는 사람들이 있다.
지독한 위험을 무릅쓰고도
좀처럼 실패하지 않는다고 말이다.
나도 실수를 저지른 적이 있다.
다만 다행스럽게도,
실패를 곧바로 만회할 수 있는
성공의 기회를 만난 것뿐이다.
누구라도 나처럼 타석에 많이 서면,
좋은 타율을 얻을 수 있을 것이다.
그렇기 때문에 나는 더더욱
프로젝트를 끊임없이 다각화한다.

071

이곳은 지금까지의 유원지와는 차원이 다르고,
우리 스스로 디즈니랜드를 잘 경영할 수 있네.
필요한 것은 운영을 맡길 다른 회사가 아니라
열성적이고 정력적이며 우호적, 진보적인 스태프일세.
실패할지도 모르지만,
그 실패를 통해 배워나갈 수 있는 것 아니겠나.

*어느 간부가 유원지 운영에 대한 노하우가 없다는 이유로
디즈니랜드의 운영을 맡길 다른 회사를 선정해
월트에게 보고했을 때, 그 의견을 부정하며.

실패(FAILURE)

꿈을 이루어 주는 월트 디즈니 메시지

072

아버지, 만약 실패해도 간단히 해결할 수 있어요.
긴 복도에 방이 잔뜩 달려 있잖아요?
실패하면 언제라도 병원 건물로 팔면 돼요.

* 염원하던 새 스튜디오 건설이 결정되었을 때,
월트는 아내를 잃고 기운이 없던 아버지를 격려하기 위해서
목수 일의 감독을 부탁했다.
아버지가 스튜디오의 규모가 엄청난 것을 걱정하며
"망하면 어찌하느냐"라고 말하자, 월트가 했던 답변이다.

073

기운 내자.
최후에는 우리가 웃게 될 거야.
그때의 웃음이야말로 최고의 웃음이지.

*1920년, 대히트를 기록한 '오스왈드'의 판권을
뉴욕의 배급사에게 빼앗겼을 때 형 로이에게 보낸 편지의 문구.
실의에 빠져 로스앤젤레스로 돌아가는 열차 안에서
월트의 머릿속에 수퍼 히어로, 미키 마우스가 탄생했다.

실패(FAILURE)

Walt Disney's 100 phrases
to make your dreams
come true

074

돈이라는 것은,
없으면 아이디어를 실행에 옮길 수 없기 때문에
나를 괴롭힐지는 모르지만
일에 열중하게 만들지는 않는다.
나를 열중하게 하는 것은 아이디어다.

돈(MONEY)

꿈을 이루어 주는 월트 디즈니 메시지

075

행복은 마음의 상태다.
그것을 어떻게 보느냐에 달린 것이다.
나는 행복은 만족하는 것이라고 생각한다.
하지만 그것이 부자가 되는 것을 의미하지는 않는다.

076

나는 옛날부터
단순한 돈벌이를 싫어했다.
무언가를 하고 싶다,
무언가를 만들고 싶다,
무언가를 시작하고 싶다.
돈은 그런 생각들 때문에 필요한 것이다.

*실제로 그 신념 때문에 디즈니사에
재정적인 여유가 생기기까지는 30년의 세월이 걸렸다.

돈(MONEY)

꿈을 이루어 주는 월트 디즈니 메시지

077

좋은 작품만 만들 수 있다면 은행 따위는 관계없다.

*월트는 은행으로부터 경영 상태의 개선을 요청 받아도,
직원을 해고하거나 제작 규모를 축소하는 일은 결코 하지 않았다.

078

아니, 옛날 일을 회상하고 있었어.
우리가 단돈 천 달러도 빌릴 수 없었던 시절을
형은 기억해?
그런데 지금은 빚이 450만 달러라니.
정말 대단하지 않아?

* 재정을 담당하는 형 로이에게서 은행에 450만 달러나
되는 빚이 있다는 보고를 들었을 때 웃으며 한 대답.
처음엔 화를 냈던 로이도 결국 웃고 만다.
1940년, 디즈니사는 직원이 천 명에 달하는 회사로 성장했지만,
품질에 대한 월트의 고집과 전쟁의 영향으로
경영은 악화되어 있었다.
수십 달러를 갚는 데도 고생을 했던 두 사람이기에
어떤 커다란 역경도 극복할 수 있었다.

돈(MONEY)

꿈을 이루어 주는 월트 디즈니 메시지

079

어째서 얼마 안 되는 돈을 투자하는 걸 아까워 하느라 기막힌 찬스를 놓쳐야 하는 거지?

* 〈피노키오〉 제작 당시 형 로이에게 보낸 편지.
 대히트를 기록한 〈백설공주〉를 뛰어넘는,
 최신 기술을 구사한 이 작품의 성과는 실로 엄청난 것이었다.
 하지만 제작비는 예산을 훨씬 웃돌고 말았다.

080

돈을 얼마를 쓰느냐 하는 문제는 신경 쓰지 말라.
양질의 결과를 낼 수 있을지만 생각하라.
만약 그게 충분히 좋은 것이라면
사람들은 그 보답을 정확하게 지불해 준다.

* 디즈니랜드 증축에 대규모 투자를 할 것인지,
  싸게 할 것인지 물었을 때.

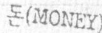
돈(MONEY)

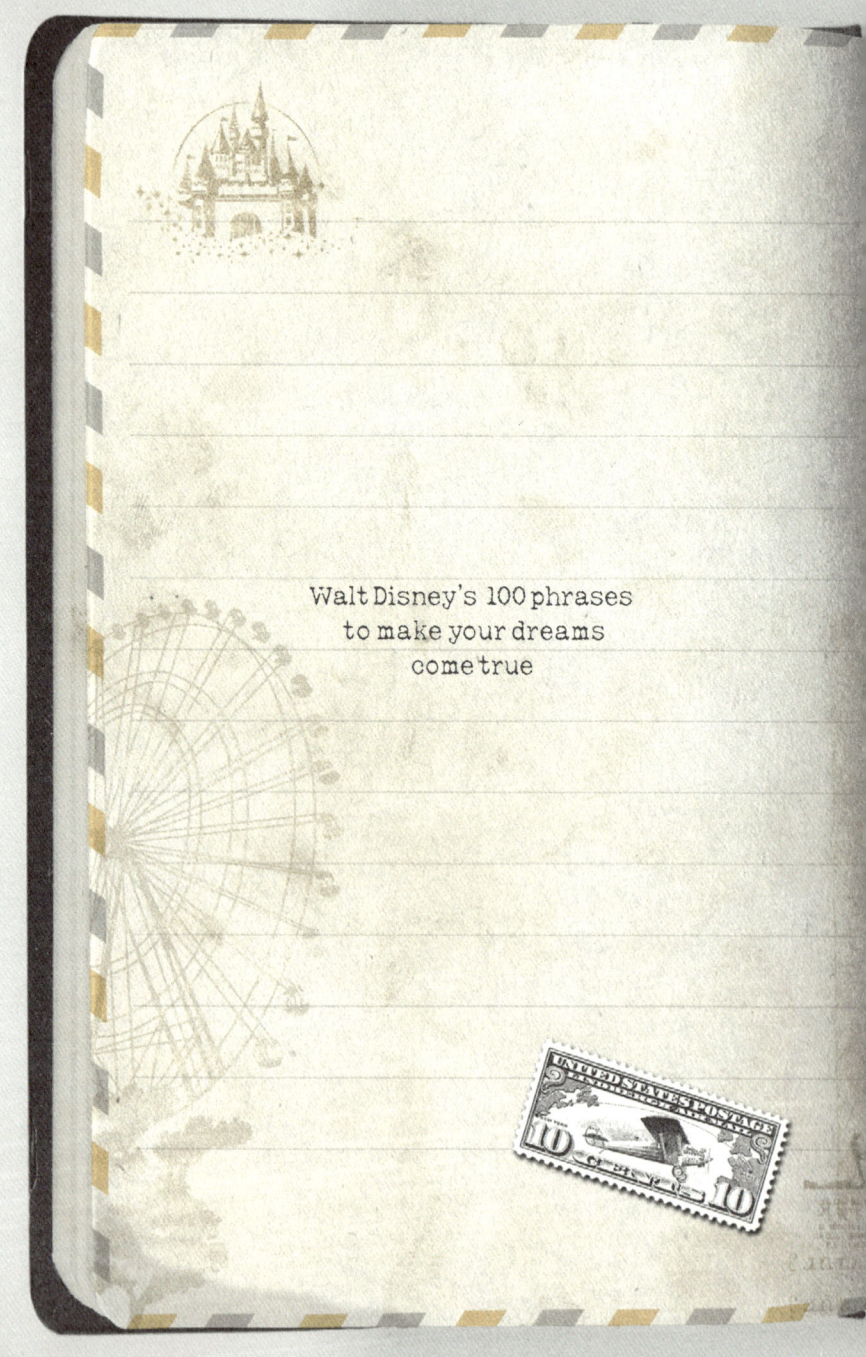

Walt Disney's 100 phrases
to make your dreams
come true

081

믿는다고 결심했으면
아무 말도 하지 말고
의심도 하지 말고
마음으로부터 전적으로 믿어야 한다.

인생(LIFE)

꿈을 이루어 주는 월트 디즈니 메시지

082

자신의 무지를 솔직하게 인정해야 한다.
그러면 반드시
열심히 가르쳐 주는 사람이 나타나게 마련이다.

083

언제나 실험할 수 있으면
무조건 실험해야 한다고 생각했다.
앞으로 어떤 상황이 벌어질지 알 수 없으니까.

*월트는 아직 불안정했던 컬러 기술을 사용하여
 최초의 컬러 애니메이션 〈꽃과 나무〉를 제작해
 아카데미상을 수상했다.

인생(LIFE)

꿈을 이루어 주는 월트 디즈니 메시지

084

성공하면 언제나 누군가가 공격해 왔다.

*미키 마우스가 성공하자, 미키 마우스를 가로채기 위해
월트가 신뢰하는 애니메이터를 빼돌리거나,
디즈니가 도산 위기에 몰려 있다는 소문을 만들어
파멸시키고자 하는 적들이 나타났다.

085

필사적으로 싸우고 있을 때보다
잘 되고 있을 때가 훨씬 걱정이었다.
무엇이든 순조로울 때는
갑자기 전부 엉망이 되는 건 아닌지,
오히려 걱정이 되어 견딜 수가 없었다.

인생(LIFE)

꿈을 이루어 주는 월트 디즈니 메시지

086

어릴 적에 읽은 어느 문고판 예술서적에
"젊은 예술가는 자신에게 정직하라"라고 적혀 있었다.
나는 평범한 사람이었기 때문에
평범하고 당연한 이 방식을 시행해 보기로 결심했다.

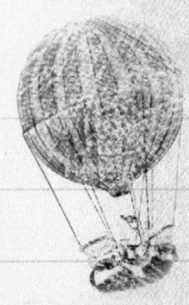

087

젊은이에게 독립하는 법을 배울 기회를
주지 않는 것은 잘못이다.

인생(LIFE)

꿈을 이루어 주는 월트 디즈니 메시지

088

많은 젊은이들이
자신에게 미래는 없으며
할 일이 남아 있지 않다고 생각한다.
하지만 그렇지 않다.
탐험해야 할 일은 아직 태산같이 많이 쌓여 있다.

089

학자가 되라고 강요할 수는 없다.
누구나가 거기에 적합할 리는 없기 때문이다.
사람을 교육시키는 데는 다양한 방법이 있다.

인생(LIFE)

꿈을 이루어 주는 월트 디즈니 메시지

090

사람은 누구나 자기 자신의 주인이자 대장이지만,
실생활에서 자신이 바라는 것을 손에 넣으려면
주위 사람들과 협력하지 않으면 안 된다.
젊은 시절에는 그것을 배우는 것이 가장 좋다.

091

신생아의 마음은 백지와 같다.
태어나서 몇 년 동안은
새하얀 마음의 종이에 많은 것들이 그려질 것이다.
무엇이 그려지든 그 내용이 지닌 가치가
앞으로의 인생에 깊은 영향을 미치게 된다.

인생(LIFE)

꿈을 이루어 주는 월트 디즈니 메시지

092

책을 읽을 때는 적절한 타이밍이 중요하다.
자신의 나이나 이해력을 감안하지 않고
지나치게 어려운 책을 억지로 읽으면,
책이 싫어지고 피하고 싶어져
결국 책이 지닌 훌륭한 가치를 부정하게 된다.

093

좋아하는 것에만 지나치게 빠져들지 말라.
그렇게 되면 다른 분야에 대한 모험을 할 수 없게 된다.
자신이 좋아하는 것 이외에는 보이지 않도록 만드는 일은 정말 어리석은 짓이다.

인생(LIFE)

꿈을 이루어 주는 월트 디즈니 메시지

094

아이들을 나쁜 행동에서 멀리 떼어놓는 방법은
다른 무언가에 흥미를 갖게 하는 것이다.
아무리 훌륭한 강의를 들려주어도
아이의 비행(非行)에는 아무런 해답도 주지 못한다.
목사님의 설교로도
아이를 문제에서 떼어놓기는 어렵다.
아이들이 마음을 몰두시킬 수 있는
다른 무언가를 찾도록
가능한 방법을 제시하라.

095

디즈니랜드는 과거와 현재의 세계며,
나의 상상력으로 본 미래의 세계다.
그곳은 아름다움과 향수,
환상과 빛깔과 기쁨이 넘쳐나는 장소다.

인생(LIFE)

꿈을 이루어 주는 월트 디즈니 메시지

096

디즈니랜드의 왕으로 존재할 수 있는데
무엇 때문에 주지사나 국회의원이 되겠는가.

*월트는 평생 950개가 넘는 명예훈장과 표창을 받았지만,
 정치에 매력을 느껴본 적은 없었다.

097

나는 유명 인사라며 거만하게 구는 사람들이나
그들에게 아첨하는 무리를 몹시 싫어한다.

*월트는 아무리 회사가 커져도 특별 취급 받는 것을
 절대로 받아들이지 않았다.

인생(LIFE)

꿈을 이루어 주는 월트 디즈니 메시지

098

나는 재능 있는 사람에게는 모자를 벗는다.

*월트는 스태프를 칭찬하는 일이 좀처럼 없었지만, 그들의 창작 의욕에 경의를 표하고 있다는 사실은 누구나 실감하고 있었다.

099

선사하는 일은 최고의 기쁨이다.
타인에게 기쁨을 가져다 주는 사람은,
자기 자신도 그것을 통해 기쁨과 만족을 얻는다.

인생(LIFE)

꿈을 이루어 주는 월트 디즈니 메시지

100

세상 사람들이야말로 줄곧 나의 친구였다.

월트 디즈니 연표

Chronology

꿈을 이루어 주는 월트 디즈니 메시지

1901년 12월 5일, 일리노이주 시카고에서 태어나 미주리주 마셀린 근처의 농장에서 유년 시절을 보낸다. 시카고의 맥킨리고등학교 시절, 그림과 사진에 흥미를 가진다.

1918년 군 입대를 자원하지만 어린 나이 때문에 정식 입대를 하지 못하고 대신 적십자 활동으로 해외에 파견된다. 자신이 운전하는 구급차 전면에 보호색 무늬 대신 그림이나 만화를 그린다.

1919년 캔자스시티로 귀환해 광고 매체용 만화를 그리기 시작한다.

1920년 최초의 오리지널 애니메이션 동화를 창작한다.

1922년 래프 오 그램 스튜디오를 설립하고 단편 애니메이션 제작을 개시한다.

1923년 래프 오 그램 스튜디오가 경영난으로 문을 닫자, 형 로이가 있는 캘리포니아주 로스엔젤레스로 여행을 떠난다. 이후, 숙부의 차고 안에 작은 스튜디오를 꾸미고 작업을 재개한다. 10월 16일 뉴욕에서 성공한 배급자인 마가렛 윙클러와 앨리스 코미디 시리즈 제작에 관한 계약서에 사인한다. 같은 날, 디즈니사(社)가 할리우드에서 발족한다.

1924년 3월 1일, 앨리스 코미디 시리즈의 첫 작품 〈앨리스의 바다에서의 하루〉를 발표한다.

1925년 7월 13일, 사원인 릴리안 바운즈와 결혼한다.

1926년 1월 디즈니사, 업무 확장에 따라 실버레이크 하이페리온가에 스튜디오를 건설해 이전한다.

1927년 9월 5일, 새로운 애니메이션 〈오스왈드 더 럭키 래

빗〉을 발표한다. 이후 1년간 총 26개의 작품을 제작한다.

1928년 오스왈드 시리즈 재계약을 위해 영화 배급자 마가렛 윙클러에게 자금 원조를 구하나, 계약서를 방패로 한 윙클러에게 '오스왈드'의 판권을 빼앗긴다. 실의에 빠져 로스엔젤레스로 돌아오는 열차 안에서 '오스왈드'를 대신하는 캐릭터, 붉은 벨벳 팬츠를 입은 생쥐 '미키 마우스'가 도화지 위로 튀어나온다. 11월 18일 세계 최초의 유성 애니메이션인 미키 마우스 첫 번째 시리즈 〈증기선 윌리〉가 뉴욕 콜로니 극장에서 상영해 격찬을 받는다. '미니 마우스'도 등장한다.

1929년 7월, 실리 심포니 시리즈 제1편 〈해골 댄스〉를 발표한다.

1930년 1월 13일, 신문 만화에 '미키 마우스' 연재를 시작한다. 9월 5일, '플루토'가 〈더 체인 갱〉으로 데뷔한다.

1930년 '미키 마우스'가 디즈니 최초의 책으로 출간된다.

1932년 7월 30일, 최초의 올 컬러 애니메이션 영화 〈꽃과 나무〉(실리 심포니 시리즈)를 발표해 첫 번째 아카데미상을 수상한다. 11월 15일 애니메이터 훈련을 위해 디즈니 스튜디오 내에 미술학교를 개설한다.

1933년 5월 27일, 〈아기 돼지 삼형제〉를 발표해 아카데미상을 수상한다. 6월에는 최초의 미키 마우스 시계가 발표된다.

1934년 6월, '도널드 덕'이 〈현명한 암탉〉으로 데뷔한다.

1935년 2월 23일, 미키 마우스 최초의 컬러 단편 애니메이션 〈미키의 대 연주회〉를 공개한다.

1937년 12월 21일, 장편 애니메이션 영화 〈백설공주〉가

월트 디즈니 연표

꿈을 이루어 주는 월트 디즈니 메시지

공개된다. 공전의 히트를 기록한다.

1940년 2월 7일, 〈피노키오〉가 일반 상영된다. 5월 6일 디즈니 스튜디오를 버뱅크로 이전한다. 11월 13일 〈판타지아〉가 일반 상영된다.

1943년 1월 1일, 〈총통의 얼굴〉을 공개한다. 아카데미상을 수상한다.

1948년 12월 21일, 트루 라이프 어드벤처 시리즈 제1탄 〈바다표범의 섬〉을 공개해 아카데미상을 수상한다.

1949년 10월, 월트 디즈니 뮤직 컴퍼니를 설립한다.

1950년 7월 19일, 실사 영화 〈보물섬〉을 공개한다. 12월 25일 텔레비전 프로그램 《이상한 나라에서 1시간》을 방영한다.

1952년 12월, 디즈니랜드 건설을 위한 WED 엔터프라이즈를 월트 개인 명의로 설립한다.

1953년 2월 5일, 〈피터팬〉을 공개한다.

1954년 10월 2일, 텔레비전 프로그램《디즈니랜드》방영을 개시한다.

1955년 7월17일, 디즈니랜드를 개장한다. 10월 13일 텔레비전 시리즈 프로그램《미키 마우스 클럽》방영을 개시한다.

1963년 6월 23일, 오디오 애니메트로닉스를 사용한 최초의 어트랙션 '매혹의 티키 룸'을 디즈니랜드에서 오픈한다.

1964년 4월 22일, 뉴욕 월드 페어에 디즈니의 4개 전시장을 개장한다. 8월 29일 영화 〈메리 포핀스〉를 상영한다.

월트 디즈니 연표

꿈을 이루어 주는 월트 디즈니 메시지

1965년 2월 3일, WED 엔터프라이즈를 월트 디즈니 프로덕션의 자회사로 법인화한다. 7월 23일 제조 및 생산 조직을 법인화한다.

1966년 12월 15일, 폐암으로 세상을 떠난다.

참고문헌

Thomas, Bob. *Walt Disney: An American Original*. SIMON AND SCHUSTER.

Capodagli, Bill. and Jackson, Lynn. *The Disney Way*. McGraw-Hill.

Greene, Katherine and Richard. *The Man Behind The Magic: The Story of Walt Disney*. Penguin USA.

Vance, Mike. and Deacon, Diane. *Think Out Of The Box*. CAREER PRESS.

Schroeder, Russell. *Walt Disney: His Life In Pictures*. Disney PRESS.

월트 디즈니의 꿈과 성공의 메시지 100

초판 1쇄 인쇄	2021년 5월 10일
초판 1쇄 발행	2021년 5월 25일
지은이	월트 디즈니
펴낸이	신민식
만든이	신지원
펴낸곳	도서출판 지식여행
출판등록	제2010-000113호
주 소	서울시 마포구 토정로 222 한국출판콘텐츠센터 419호
전 화	02-333-1122
팩 스	02-332-4111
이메일	theorigin1971@gmail.com
홈페이지	www.sirubooks.com
인쇄 · 제본	한국학술정보

ISBN 978-89-6109-521-1 (03320)

* 책값은 뒤표지에 적혀 있습니다.
* 잘못된 책은 구입처에서 바꿔 드립니다.
* 이 책의 전부 또는 일부 내용을 재사용하려면 사전에 도서출판 지식여행의 동의를 받아야 합니다.